19250908R00062

Made in the USA
Middletown, DE
04 December 2018